AUTOSTIMA DA NAPOLEONE

Tecniche e strategie del più grande uomo di tutti i tempi per polverizzare le tue paure, sviluppare una mentalità d'acciaio e raggiungere tutti i tuoi obiettivi

Di

Edoardo Beltrame

Indice

Disclaimer:

Si prega di notare che il contenuto di questo libro è esclusivamente per scopi educativi e di intrattenimento. Ogni misura è stata presa per fornire informazioni accurate, aggiornate e completamente affidabili. Non sono espresse o implicate garanzie di alcun tipo. I lettori riconoscono che il parere dell'autore non è da sostituirsi a quello legale, finanziario, medico o professionale.

1. NAPOLEONE: UN UOMO ENTRATO NELLA STORIA

1.1 Chi era Napoleone

Il 2 dicembre 1804 un uomo alto 168 centimetri diventa Imperatore di Francia.

Quest'uomo si chiama Napoleone Bonaparte.

Il percorso che lo ha portato ad arrivare a questo punto, ovvero a fare la storia, è stato sicuramente lungo e tortuoso, ricco di insidie e di difficoltà che Napoleone ha dovuto affrontare mettendo tutto il suo impegno e coraggio.

Per raggiungere certe vette, diventando l'uomo più potente ed influente del mondo, nonché una delle personalità più importanti dell'intera epoca moderna, non sono solo necessarie incredibili doti innate di pianificazione e leadership.

Non è sufficiente nemmeno il solo continuo studio e la costante applicazione in ogni progetto.

Per raggiungere certi risultati è necessario essere dotati anche di un'incredibile forza mentale, di un carattere deciso e di una buona autostima, caratteristica essenziale per avere la motivazione e la convinzione di essere in grado di superare ogni ostacolo.

Ma chi era realmente Napoleone Bonaparte?

Perché ancora ai nostri tempi viene considerato come una personalità storica così importante?

Cerchiamo di rispondere a queste domande analizzando il percorso che lo ha portato a raggiungere certe vette.

Napoleone nasce ad Ajaccio, in Corsica, il giorno di Ferragosto del 1769 da una famiglia della piccola nobiltà toscana.

La Corsica, all'incirca proprio in quel periodo, diventa territorio francese e così, la famiglia di Napoleone fu costretta ad adattarsi a questo nuovo scenario, non senza qualche difficoltà.

Il giovane Napoleone venne mandato a studiare nella Francia continentale, dove fu costantemente deriso per le sue origini italiane e per la sua strana pronuncia del francese, lingua che di fatto studiò come straniera.

Queste difficoltà, su cui comunque torneremo nei prossimi capitoli, non scalfirono la sua personalità, semmai lo fecero diventare ancora più forte e determinato.

Così, finiti gli studi, Napoleone entrò nell'esercito francese, scalando velocemente i gradi, ricoprendo prima la carica di ufficiale di artiglieria e successivamente quella di generale nella celeberrima Rivoluzione Francese.

Divenne famoso a seguito delle vittorie riportate durante la Prima Campagna d'Italia a fine Ottocento, campagna in cui emersero realmente per la prima volta tutte le sue doti da leader carismatico e da incredibile stratega.

Ma questo fu solo il primo passo della sua incredibile ascesa.

Nel 1799, con un Colpo di Stato, raggiunse il potere in Francia.

Seguendo le orme di uno dei suoi miti nonché altra personalità fondamentale nella storia dell'uomo, ovvero Giulio Cesare, si proclamò console nello stesso anno, carica che detenne fino al 1804.

Ed eccoci tornati al punto con cui si è aperto questo capitolo.

Ed eccoci arrivati al 2 dicembre 1804.

Napoleone Bonaparte, grande generale e leader durante la Rivoluzione Francese, si proclama Imperatore dei Francesi e fonda il Primo Impero Francese.

Ma come ha fatto un piccolo nobile italiano a diventare l'uomo più importante della sua epoca e tra i più influenti di tutta la storia dell'uomo?

Gran parte del merito è da attribuirsi sicuramente al suo carattere: leader naturale, grande lavoratore, eccellente pianificatore e persona dotata di grande autostima.

Tramite questa figura, leggendo questo libro, ti spiegherò come anche ai giorni nostri, a distanza di diverse centinaia di anni dalla sua morte, puoi imparare molte cose da Napoleone, aumentando la tua autostima, caratteristica essenziale per avere la motivazione e il coraggio necessari per affrontare ogni nuova sfida.

1.2 Uomo prima che militare

Non era di certo facile stare accanto a Napoleone.

Ancora oggi, possiamo trovare cronache e testimonianze di persone che hanno direttamente avuto a che fare con l'imperatore francese e ne testimoniano il carattere forte, la propensione alla leadership, l'impossibilità di abbatterlo moralmente e il suo riguardo verso il prossimo.

Dobbiamo però ricordarci che Napoleone era un uomo in carne e d'ossa, ricco di difetti come tutti noi, oggi forse anche ampliati dal cambiamento dei tempi e delle usanze.

Sono stati in molti però a far notare quanto fosse ben voluto dai suoi soldati, fedeli in tutte le campagne che dovevano affrontare per portare in alto il nome del proprio leader.

Prima di procedere, è necessario fermarsi un attimo ad analizzare, come lui stesso ne era consapevole, ciò che è stato il più grande lascito di Napoleone, molto più importante di tutte le sue battaglie e di tutte le sue vittorie sul campo.

Sto parlando del famoso *Codice Napoleonico*.

Il Codice Napoleonico è il codice civile stilato da Napoleone e dai suoi collaboratori.

Questo documento rivoluzionò l'organizzazione dell'Impero francese prima e quella di tutti gli stati che ne vennero annessi poi, territori italiani compresi.

Il Codice Napoleonico, per l'epoca, era di una modernità straordinaria, tanto da venire usato ancora oggi come la base per i codici civili di molti stati moderni, compreso il nostro.

Vennero elevati i principi della Rivoluzione, tra cui la libertà personale, l'uguaglianza di fronte alla legge, la libertà di lavoro, di coscienza e la laicità dello Stato, regolamentando al contempo i rapporti contrattuali familiari e commerciali.

Certo, leggendolo oggi possiamo accorgerci di molti difetti al suo interno, ma a suo tempo (e in parte ancora al nostro) rappresentò una netta cesura con gli anni precedenti.

Il Codice Napoleonico è da molti valutato come il documento fondamentale che fece transitare l'umanità intera verso l'epoca contemporanea, costituendo quindi uno degli atti più importanti della storia dell'uomo.

Al suo interno possiamo trovare molti dei valori in cui fermamente credeva Napoleone: l'importanza della libertà di pensiero, l'uguaglianza dei cittadini di fronte ad un tribunale, nonché la libertà di culto e la separazione tra Stato e Chiesa, ovvero valori basilari dell'epoca moderna.

La redazione di questo codice, ancora di più delle battaglie, fu una delle conseguenze del carattere di Napoleone.

Per riuscire in un'impresa così titanica e rivoluzionaria, Napoleone doveva essere sicuramente dotato di un grandissimo carisma e di una grande autostima: solamente in questo modo avrebbe potuto trovare le forze di andare contro i vecchi poteri che di fatto governavano il mondo da più di un millennio.

Bene, ora abbiamo fatto un bel ripasso di storia, ma tutte queste nozioni come possono esserti utili nella pratica?

Lo vedremo a partire dal prossimo paragrafo.

Prima di procedere, però, ti devo chiedere di tenere bene a mente quanto detto finora perché ti tornerà sicuramente utile per comprendere meglio lo spirito di questo libro senza perdere nemmeno un singolo passaggio.

Napoleone è oggi entrato nella leggenda.

Le sue gesta sono studiate nelle università e sono state anche ispirazione per numerosissime opere d'arte come quadri, sculture e film.

Ma alla luce della panoramica sulla sua figura data nei paragrafi d'apertura, cosa può imparare l'uomo del ventunesimo secolo da Napoleone Bonaparte?

Ovviamente sono innegabili le doti da stratega che lo hanno fatto diventare un grandissimo generale, consentendogli di scalare rapidamente le gerarchie all'interno dell'esercito francese.

La cosa più interessante da notare, ciò che realmente ancora oggi ispira le persone nonché, sotto sotto, il vero motivo per cui attira così tanti interessi su di sé anche secoli dopo la sua morte, è il suo carattere e la sua attitudine.

Certo, come abbiamo anche già accennato in precedenza, molte cronache narrano di quanto fosse difficile certe volte stare al suo fianco.

Ma, d'altronde, questa è una caratteristica comune a tutte le personalità così importanti.

È stato il suo carattere che fondamentalmente gli ha permesso di raggiungere certe vette nell'arco della sua vita.

Un carattere forte, basato su una solida autostima.

Se dovessi quindi scegliere una sola qualità da invidiare a Napoleone (compito, credimi, assolutamente non facile), punterei tutto sull'autostima.

Senza una buona autostima è impensabile raggiungere grandi risultati nella vita, soprattutto perché non si oserà mai ad intraprendere con convinzione nessun percorso di miglioramento.

Questo ragionamento vale per me, vale per te e valeva ugualmente anche per Napoleone.

Cerchiamo quindi di far nostre alcune lezioni che possiamo desumere studiando la vita del primo Imperatore dei Francesi.

Dialoga con te stesso. Credi in te stesso.

Questo è sicuramente il primo consiglio, probabilmente il più importante della lista.

Certo, non è un compito semplice, ma dialogare con se stessi ti porterà a comprendere le tue qualità e le tue debolezze.

In poche parole, ti permetterà di conoscerti meglio.

Conoscersi è il mondo migliore per abbattere le proprie insicurezze e aumentare l'autostima.

Capiti i punti di propri punti di forza, sarà possibile far leva su questi per aumentare la propria autostima.

Ma è molto importante anche capire i propri punti di debolezza e comprendere quanto questi siano importanti per noi.

Napoleone veniva deriso per le sue origini italiane e per il suo strano accento, ma ciò non fermò la sua ascesa.

Cerca quindi di trasformare le tue debolezze in punti di forza, lavora sodo per migliorare e, se proprio non puoi porre rimedio ad un qualcosa, impara a conviverci: difficilmente sarà la fine del mondo.

Sii grato di ciò che hai. Sii grato di ciò che sei.

Soprattutto al giorno d'oggi, in un tempo in cui siamo obbligati a rapportarci con una cultura consumistica, con le continue pubblicità e con i social, vogliamo sempre qualcosa di più dalla nostra vita.

Vogliamo una casa più grande, una macchina più lussuosa e un mare più cristallino per le nostre vacanze.

Vogliamo di più anche da noi stessi.

Vogliamo essere più belli, più intelligenti, con più soldi o con più successo.

Ed è un male desiderare di migliorare la propria condizione?

Assolutamente no!

È perfettamente legittimo cercare di migliorare la propria vita e la propria persona, ma non lo si deve fare per gelosia degli altri.

Per fare in modo che sia sano ed efficace, il processo per il tuo miglioramento deve essere innescato da te e soltanto da te.

Cerca di migliorarti, ma sii grato di ciò che hai e di ciò che sei.

Continuare a paragonarsi agli altri, magari invidiando la vita idilliaca che certi influencer vogliono mostrare sui social, non farà altro che farti sentire miserabile, inferiore e, di conseguenza, estremamente infelice.

In poche parole, prima di intraprendere un qualsiasi percorso volto a migliorare la tua condizione o la tua persona, impara ad amare ciò che sei ora.

Non ricercare l'approvazione altrui a tutti i costi.

Come si accennava, Napoleone non era amato da tutte le persone, ma pensi davvero che gliene importasse qualcosa?

Magari per alcune persone sì, ma non per questo era disposto a scendere a compromessi per piacere al cento percento della popolazione del suo immenso impero.

Questo è lo stesso ragionamento che, con le dovute proporzioni, dovremmo fare anche noi tutti ogni giorno della nostra vita.

Non è umanamente possibile piacere a tutti.

Non farti un cruccio se non riesci ad entrare nelle grazie di chiunque e non cercare a tutti i costi di imbonire tutte le persone che incontri.

Questo atteggiamento ti obbligherà costantemente a scendere a compromessi e a mutare la tua personalità in base al tuo interlocutore.

È chiaro che sul lungo periodo questo modo di vivere non è altro che deleterio, diventando lentamente insostenibile.

Il risultato sarà un'eterna infelicità e una bassa autostima.

Cerca, per quanto possibile, di essere sempre te stesso, imparando, come detto poco sopra, ad amarti anche per quello che realmente sei.

La pianificazione è il punto di partenza di ogni impresa.

Napoleone si distingueva quindi non solo per la sua attitudine, ma anche per le sue capacità da stratega prima e da legislatore poi.

Ai giorni nostri, possiamo prendere spunto da questa abilità che è stata così importante per Napoleone al fine di comprendere quanto sia importante tracciare una mappa prima di incamminarsi su un nuovo percorso.

Certo, la pianificazione è solamente una traccia.

Ogni impresa sarà costellata da tante gioie, ma anche da moltissime difficoltà e come fare ad affrontarle con energia e motivazione?

Non c'è una risposta univoca e ogni situazione richiederebbe un'analisi più approfondita, ma una cosa rimane valida tutte le volte che ci si trova davanti ad un problema e si ha la necessità di superarlo.

Devi credere che sarai in grado di superare quel problema.

Devi credere di meritarti di superare quel problema.

E per farlo, devi lavorare sulla tua autostima, perché non vi è montagna impossibile da scalare per chi crede fermamente di potercela fare.

Queste sono in breve tutte le lezioni che possiamo imparare studiando la vita di Napoleone Bonaparte.

Tutte hanno in comune un preciso aspetto: l'autostima.

Prima di analizzare ognuna di queste lezioni con precisione, è necessario porsi una domanda: cos'è l'autostima?

Bene, cercherò di darti una risposta il più possibile esaustiva nel prossimo capitolo.

2. Non solo Napoleone: l'autostima, ovvero la vera protagonista del libro

2.1 Che cos'è l'autostima?

Nel capitolo precedente abbiamo conosciuto il primo protagonista del libro, ovvero Napoleone.

Il primo Imperatore dei Francesi ci scuserà sicuramente se gli chiederemo di condividere il palcoscenico con un altro attore, ovvero l'autostima, un concetto che come abbiamo visto nel capitolo precedente era molto caro anche a Napoleone stesso.

A differenza di un personaggio storico, conoscere l'autostima e darle una definizione esauriente non è di certo un compito così semplice ed immediato.

Se per quanto riguardava Napoleone infatti è bastato analizzare le sue gesta, ormai ampiamente studiate dagli storici, per conoscere a fondo l'autostima si dovrà compiere uno sforzo diverso e forse maggiore, anche addentrandoci nel campo della psicologia.

Proviamo comunque a dare una definizione il più esauriente possibile del concetto di autostima.

Potremmo affermare che l'autostima è la personale opinione che si ha di se stessi.

Questa definizione è ampiamente condivisa, quindi, senza ulteriori indugi, la prenderemo per buona e come punto di partenza per le analisi più approfondite che verranno fatte a partire dalle prossime righe.

La prima cosa che balza all'occhio di questa definizione sono le parole *"opinione"* e *"personale"*.

Cosa ci possono far capire questi termini?

Sicuramente indicano un qualcosa di non oggettivo.

Indicano, più che un concetto assoluto, una percezione o un'idea abbastanza volatile.

Come tutte le percezioni, anche questa opinione può essere soggetta a cambiamenti, tanto più se è *personale*, ovvero soggettiva e non oggettiva.

Questo concetto deve essere ben chiaro per molti motivi, ma soprattutto perché è alla base di ogni grande processo di cambiamento e di crescita personale: ognuno di noi può cambiare la percezione che ha di se stesso.

Certo, per farlo serve impegno, fatica e costanza, ma cambiare in meglio la propria autostima è un compito di cui ognuno di noi è all'altezza.

Una volta compreso che l'autostima può essere oggetto di lavoro e che può essere soggetta a cambiamenti, diventa molto più facile da comprende (ma comunque necessario) che non costituisce un'entità astratta che ci viene imposta così com'è, come se fosse caduta dal cielo, ma che è il frutto di diverse metabolizzazioni personali di ciò che avviene ed è avvenuto nella nostra vita.

Prima di iniziare un qualsiasi tipo di percorso volto al miglioramento della propria autostima, è necessario comprendere quali siano i fattori di base che condizionano la percezione che si ha di se stessi.

I concetti base sono tre, ognuno dei quali rappresenta una precisa idea di sé.

Lo so, detto così non è facile da capire.

Cerchiamo quindi di analizzare con precisione e chiarezza questi tre fattori.

Il primo è il **sé reale**.

Il sé reale rappresenta ciò che realmente si è, al di là di ogni percezione nostra o di altre persone.

All'interno del sé reale sono racchiuse tutte le proprie caratteristiche, come ad esempio i propri punti di forza, di debolezza, l'aspetto fisico, le attitudini e il carattere.

È in questa categoria che rientrano anche tutte quelle caratteristiche che oggi nemmeno si pensa di possedere, ma magari le si scoprirà in futuro.

Il secondo fattore è il **sé percepito**.

In questo caso siamo di fronte all'idea che noi stessi abbiamo della nostra persona, di chi pensiamo di essere e di come valutiamo le nostre caratteristiche.

Rientrano nel sé percepito tutte le autovalutazioni: pensiamo di essere belli o brutti? Stupidi o intelligenti? Pensiamo di essere particolarmente abili in una qualche azione?

Tutte queste idee, e molte altre, rientrano nel sé percepito.

Infine, abbiamo il **sé ideale**.

Questa è la versione del se stessi dei nostri sogni, la versione che aspiriamo a diventare.

Può essere sia una versione di se stessi realizzabile che irrealizzabile.

La cosa importante da sapere è che se il sé ideale è troppo distante dal sé reale, potrebbe essere o causa di infelicità per alcuni o di motivazione per migliorarsi per altri, quale delle due tendenze dipende da molti altri fattori.

La comunità degli studiosi di psicologia è abbastanza d'accordo nell'affermare che i problemi di autostima nascano essenzialmente da un'eccessiva discrepanza tra il sé reale e il sé percepito.

Coloro che soffrono di una bassa autostima, hanno un sé percepito peggiore rispetto al sé reale, di conseguenza tenderanno a valutare irraggiungibile il sé ideale.

Se ad esempio una persona pensa di non essere abbastanza intelligente per studiare e conseguire una laurea, anche se così non è (sé percepito inferiore al sé reale), e il suo sogno è di ottenere quel titolo di studio (sé ideale), soffrirà di bassa autostima e tenderà ad essere infelice.

Al contrario, coloro che si sopravvalutano e hanno un'autostima eccessivamente alta, presentano un sé percepito migliore rispetto al sé reale, pensando molte volte anche di aver già raggiunto il sé ideale anche quando così non è.

Anche in questo caso sarà più semplice comprendere questo ragionamento con un esempio.

Se una persona si ponesse come obiettivo quello di diventare un musicista professionista e, arrivato ad un certo punto della sua formazione professionale, pensasse di essere un pianista migliore di ciò che realmente è (sé percepito maggiore del sé reale), penserà di aver già raggiunto il suo obiettivo e di essere quindi al livello di un vero pianista da concerto professionista (sé ideale).

Anche in questo caso, scontrandosi con la realtà, questa idea crollerà più o meno velocemente, portando ad infelicità.

Entrambi i casi che ho citato rappresentano dei problemi che possono essere più o meno gravi a seconda dei casi, ma sicuramente da non sottovalutare.

Sia un'autostima troppo bassa o sia un'autostima eccessivamente alta, come si è visto, derivano da un'errata valutazione di se stessi, la quale porta inevitabilmente il sé percepito a distanziarsi dal sé reale.

La prima cosa da fare per porre un rimedio a questa situazione, quindi, è cercare di ridurre al minimo questa distanza, fino a far coincidere il sé percepito con quello reale.

Avere la giusta autostima quindi non significa pensare di essere in grado di saper far tutto, ma vuol dire conoscere i propri punti di forza e di debolezza, al fine di conoscere se stessi nel miglior modo possibile e comprendere cosa possiamo e cosa non possiamo fare, al fine di comprende in cosa oggi eccelliamo e in cosa dobbiamo invece ancora migliorare.

Per avere una sana autostima è necessario lavorare duramente per fare in modo che queste valutazioni siano il più oneste e veritiere possibili, un compito sulla carta facile, ma che nella pratica nasconde moltissime insidie.

Lo stesso Napoleone diceva «*Quando conosciamo la nostra malattia morale, dobbiamo curare l'anima come si cura un braccio o una gamba*» (*L'arte di Comandare*).

Certo, ai suoi tempi sicuramente non vi erano le conoscenze di psicologia che ci sono oggi, ma Napoleone già aveva capito che il carattere, l'attitudine e la salute mentale sono valori imprescindibili per raggiungere certi traguardi e sui quali è quindi necessario lavorare duramente.

Rimanendo nell'ambito dell'autostima ed avendo compreso generalmente dove risiede nella maggior parte dei casi il problema, dobbiamo cercare, come disse Napoleone, di «*curare l'anima come si cura un braccio o una gamba*».

L'autostima non si limita ad un solo aspetto della vita, ma coinvolge e condiziona tutti gli ambiti della nostra esistenza.

Diventa difficile pensare di poter generalizzare ad un'opinione generale più opinioni specifiche riguardanti ognuna un aspetto in particolare della propria persona.

A questo proposito, gli esperti dividono l'autostima in quattro diverse parti, ognuna delle quale rappresenta una delle sfere fondamentali della nostra vita.

Ragionare in questa maniera può essere molto utile per cercare di prendere le distanze da se stessi, riuscendo di conseguenza ad analizzare con chiarezza e maggiore onestà la propria opinione su un aspetto particolare, ragionando anche in maniera più lucida se questa rispetti o meno la realtà dei fatti.

In questo modo, di conseguenza, si riuscirà ad avere anche una migliore analisi sulla generale opinione che abbiamo di noi stessi.

Tieni bene a mente ciò che hai imparato nel capitolo precedente: il sé percepito deve coincidere il più possibile con il sé reale.

Per risolvere i problemi di autostima è a questo obiettivo che si deve puntare.

Come si diceva poco sopra, prova a dividere la tua autostima in quattro ambiti differenti.

Il primo ambito è quello **sociale**.

Qua si raggruppano tutti i rapporti extra-familiari che coltivi o che hai coltivato durante tutta la tua vita.

Per capire il tuo reale valore sotto questo aspetto, prova a domandarti come ti senti quando stai in compagnia di amici, conoscenti o del tuo o tua partner.

Chiediti come tratti le persone e come queste trattano te.

Ragiona sul motivo per cui ti senti legato ad un determinato individuo: perché per te è così importante.

In sintesi, cerca di capire la validità dei rapporti sociali che hai creato, ponendoti le seguenti domande.

I miei rapporti sono sani?

Sono reali?

Ne sono soddisfatto?

Proseguendo, ma rimanendo sempre nel contesto dei rapporti interpersonali, arriviamo alla sfera **familiare**.

Per valutare nella sua totalità questo aspetto potrebbe rivelarsi necessario anche andare indietro di parecchi anni, addirittura fino alla tua infanzia.

Le domande che ti devi porre riguardano sia il rapporto con la tua famiglia d'origine sia, nel caso tu ce l'abbia, la famiglia che hai creato, ovvero moglie o marito e figli.

Com'è il mio rapporto con loro?

Dimostro il mio amore ai miei cari?

Do e ricevo il giusto affetto?

Il terzo aspetto riguarda il mondo **lavorativo**.

Questo è per molti il punto cruciale.

Molte persone infatti non sono soddisfatte del loro impiego: pensano di guadagnare troppo poco, di essere sottoimpiegate o di non aver, o aver avuto, le giuste opportunità nel corso della propria carriera lavorativa.

Queste persone, molto spesso, proprio a causa dei problemi di autostima, non cercano nemmeno di migliorare la propria condizione, rimanendo rilegati ad una condizione di infelicità.

Riprendendo un concetto detto in precedenza, queste persone vedono il sé ideale troppo lontano, condannandosi di fatto all'infelicità.

Prova a ragionare sulla tua personale condizione.

Mi sento appagato dal lavoro che faccio?

Penso di poter far di più? Penso di valere di più?

Sono soddisfatto dei miei guadagni?

Infine, abbiamo l'aspetto **corporeo**.

In questo caso si parla invece di un concetto che parte da un qualcosa di più concreto, ovvero dal proprio aspetto fisico.

Attenzione: non si vuole affatto intendere che per avere un'alta autostima si debba per forza avere un corpo statuario, essere alti e muscolosi per gli uomini o avere le gambe slanciate per le donne.

Si vuole intendere che bisogna sforzarsi quanto possibile di ottenere un corpo con cui si stia bene e in cui ci si senta a proprio agio.

Questo può anche non rispettare per forza i canoni di bellezza imposti dalla società, ma deve essere sufficiente per dare salute sia, per l'appunto, dal punto di vista fisico, che da quello mentale.

Anche in questo caso, bisogna lavorare cercando di far coincidere il sé reale con quello percepito, ponendosi contemporaneamente degli obiettivi di miglioramento (sé ideale) raggiungibili.

Prova a porti le seguenti domande.

Sono felice con il mio corpo?

Che rapporto ho con la mia fisicità?

Voglio migliorare il mio aspetto fisico? Se sì, perché?

Ragionare in questo modo è un ottimo metodo per prendere le distanze, cercando di essere il più onesti possibile con se stessi.

E l'onestà costituisce l'unico punto di partenza possibile di questo incredibile percorso.

2.4 Perché è importante lavorare sulla propria autostima

A questo punto dovresti aver compreso abbastanza dettagliatamente cosa sia e come funzioni l'autostima.

Ma perché è così importante e necessita di così tanto lavoro?

L'autostima è il fattore principale che condiziona la maggior parte del nostro operato.

Se si possiede una bassa autostima, ad esempio, difficilmente si cercherà di intraprendere dei veri e propri percorsi indirizzati verso un cambiamento della propria vita e, nel caso comunque lo si riuscisse a fare, li si affronterà molto probabilmente con poca convinzione in quanto si penserà che si andrà inevitabilmente contro a dei fallimenti.

D'altro canto, se si possiede un'autostima eccessivamente alta, si sottovaluteranno i problemi che ci si troverà davanti, scontrandosi inevitabilmente con la durezza della realtà dei fatti.

Questo è il motivo per cui vale la pena lavorare sulla propria autostima: non per pensare di essere in grado di fare qualsiasi cosa, ma per capire cosa si sia realmente e in questo momento in grado di fare, cosa sia necessario imparare e, ancora più importante, per comprendere quanto in alto si possa arrivare.

Prima di procedere con il prossimo capitolo, voglio proporti un semplicissimo esercizio che ti aiuterà ad iniziare questo percorso con il piede giusto.

Per prima cosa, armati di carta e penna.

Ricordi i quattro aspetti detti in precedenza? Sociale, familiare, lavorativo e corporeo?

Per ognuno di questi, prova a scrivere almeno tre caratteristiche che pensi che ti appartengano.

Prima di procedere con la lettura, scrivi.

Ora rileggi ciò che hai scritto: sono più le caratteristiche positive o quelle negative?

Nel caso tu non avessi problemi di autostima, la tua lista dovrebbe presentarsi abbastanza bilanciata.

Se invece pende eccessivamente da una delle due parti, probabilmente è necessario un impegno da parte tua per migliorare la tua autostima.

Ovviamente, nel caso ci fossero troppe caratteristiche negative, è molto probabile che tu abbia una bassa autostima.

Al contrario, se ci fossero troppe caratteristiche positive, molto probabilmente hai un'autostima eccessivamente alta.

Ma non preoccuparti.

Nei prossimi capitoli di spiegherò passo per passo come fare a sviluppare una buona autostima.

In questo viaggio non saremo soli, bensì ci accompagnerà un ospite d'onore, niente di meno che il primo Imperatore dei Francesi: Napoleone   Bonaparte.

3. L'importanza del dialogare con se stessi

3.1 Conosci te stesso

Il primo passo in qualsiasi percorso di sviluppo personale consiste in una riflessione su se stessi.

Questo percorso, ovvero il percorso che ti porterà a migliorare la tua autostima, non fa di certo eccezione, ma al contrario la riflessione su se stessi ne è parte fondamentale.

Bisogna riflettere su se stessi al fine di conoscersi al meglio, compito che sulla carta appare come molto semplice, ma che in realtà costituisce un passaggio molto complesso e, per tante persone, un processo lungo e faticoso.

Se hai già compreso, leggendo i capitoli precedenti, quanto sia importante conoscere i proprio punti di forza e i propri punti di debolezza, ora ti esorto a riflettere su un altro aspetto fondamentale della tua persona.

Cosa vuoi veramente?

Perché sei interessato a migliorare la tua autostima?

Sono domande banali da porsi?

Sì, può anche essere.

Ma dandoti delle oneste risposte a queste domande riuscirai a partire con i giusti presupposti per impostare al meglio il dialogo con te stesso.

Nel farlo, ti esorto a riservare una particolare attenzione durante questa riflessione alle tue convinzioni.

Non sempre, infatti, le nostre convinzioni e le nostre idee rimangono punti fermi durante tutto l'arco della nostra vita.

A dire il vero, è quasi sempre il contrario, soprattutto quando si affronta un percorso di crescita personale come quello proposto da questo libro.

Questo vuol dire che devi classificarti come un ipocrita?

Vuol dire che sei una persona con poca personalità e facilmente influenzabile?

Assolutamente no!

C'è una famosa citazione di James Russel Lowell, celebre poeta statunitense che recita *"solo i morti e gli stupidi non cambiano mai opinione"*.

Bene, se stai leggendo questo libro immagino che tu non sia morto e mi auguro con tutto il mio cuore che tu non sia nemmeno stupido.

Molto spesso, in particolare quando si intraprende un percorso del genere, ci si può accorgere che certe nostre convinzioni e idee, che ci portiamo appresso magari anche da anni, sono completamente infondate oppure, ancora peggio, fondate su pregiudizi e, di fatto, sull'ignoranza.

Inoltre, molto spesso ci si confonde tra ciò che si desidera davvero e ciò che gli altri vogliono che noi desideriamo.

Questi comportamenti non possono che portare ad infelicità e ad una scarsa autostima.

Per questo motivo, prima di iniziare qualsiasi percorso, è necessario riflettere su se stessi e giungere ad un'adeguata conoscenza della propria persona, del proprio carattere e delle proprie attitudini, senza aver paura di ammettere di avere in passato sbagliato e di cambiare idea.

Per farti un esempio, anche lo stesso Napoleone ha dovuto affrontare un cambiamento del genere, mettendo in discussione gli ideali con cui era cresciuto, prima di raggiungere la gloria e di entrare nella storia.

Da giovane, Napoleone non aveva l'ambizione di fondare il Primo Impero Francese.

Come abbiamo già visto nel primo capitolo, apparteneva ad una famiglia dalla piccola nobiltà toscana.

Nacque ad Ajaccio, in Corsica e, all'incirca in quel periodo, l'isola entrò a far parte della Francia.

Napoleone andò quindi a studiare in un istituto della Francia continentale.

Qua trovò l'ostilità dei suoi coetanei francesi, i quali lo prendevano in giro a causa delle sue origini italiane e per la sua strana pronuncia del francese, lingua che, ricordiamolo, il giovane Napoleone dovette di fatto imparare come noi oggi impariamo una lingua straniera.

Insomma, da giovane non amava molto francesi e i francesi non amavano particolarmente lui.

Questo attrito lo portò addirittura negli anni giovanili a ripudiare la nazione francese e ad avvicinarsi agli ambienti nazionalisti corsi, molto in voga all'epoca, i quali desideravano l'indipendenza della Corsica dal governo francese.

Abituandosi nel corso degli anni ad una cultura più moderna ed internazionale come quella che poteva trovare nelle maggiori città francesi, Napoleone capì che intestardirsi su idee antiquate già per i tempi, come appunto erano quelle nazionaliste, non avrebbe portato a nulla se non a sentimenti come odio ed infelicità.

Napoleone ebbe il coraggio di mettere in dubbio le proprie posizioni e di cambiare le proprie idee.

Frequentando le scuole militari francesi, si avvicinò così agli ambienti progressisti della Rivoluzione, fino a diventare, come abbiamo già visto nel primo capitolo, generale durante la Rivoluzione Francese e ad avere una gloriosa carriera militare, la quale culminò ovviamente con la proclamazione ad Imperatore dei Francesi.

E pensare che inizialmente odiava i francesi!

Il suo percorso è stato straordinario e le sue idee sono radicalmente cambiate nel corso della sua vita.

Ovviamente non per forza le persone devono affrontare un radicale cambiamento del genere nel corso della propria vita, ma è bene fermarsi a riflettere sulle proprie idee, domandandosi se, magari, non ci si sia sbagliati avendo certe convinzioni in precedenza e sia necessario un reset mentale prima di cominciare un nuovo percorso.

Per chiarire questo importante punto è necessario iniziare ad impostare un efficace e sincero dialogo con se stessi.

Liberati dai pregiudizi, liberati dalle aspettative che hanno le altre persone su di te e sii aperto mentalmente a nuove sfide ed opportunità: questo è il più grande consiglio che ti posso dare per iniziare questo percorso con il piede giusto.

Solo in questo modo riuscirai a scoprire cosa tu voglia realmente, capendo così che direzione prendere in futuro.

Chiarire le proprie idee e impostare il giusto *mindset* sono i primi passaggi fondamentali per migliorare la propria autostima.

3.2 Come capire ciò che realmente vuoi

Abbiamo capito che il punto di partenza deve essere conoscersi tramite un dialogo con se stessi.

Aumentando la conoscenza di te stesso riuscirai da una parte a capire e a valorizzare i tuoi punti di forza, dall'altra riuscirai a comprendere anche ciò che realmente vuoi nella vita.

Capire ciò che realmente desideri dalla tua vita è molto importante, in quanto ti darà modo di ragionare sui punti di forza sui quali vuoi fare leva e, ancora più importante, ti aiuterà a visualizzare più lucidamente i tuoi punti di debolezza.

Avrai così modo di comprendere quali siano i punti deboli su cui ti interessa maggiormente lavorare per raggiungere un determinato obiettivo, che sia questo lavorativo o personale.

Riuscire a capire su quale aspetto della propria vita lavorare per migliorare è davvero importante in un percorso volto al miglioramento dell'autostima in quanto, vedendo i risultati positivi del proprio percorso, inizierai a coltivare l'idea che tu sia capace di superare tutte le difficoltà che ti si presenteranno davanti.

Ma andiamo per step.

Prima di proseguire, vorrei infatti proporti un altro esercizio pratico, in modo da aiutarti a riflettere su cosa tu realmente voglia dalla tua vita.

Portato a termine questo esercizio, dovresti riuscire a visualizzare con maggiore facilità le competenze che vorresti acquisire nell'immediato futuro, ma anche quali siano le tue doti di cui vai particolarmente fiero.

Per iniziare, ancora una volta, ti chiedo di armarti di carta e penna.

Ti servono due fogli su ognuno dei quali dovrai andare a scrivere una lista.

Sul primo foglio scrivi dieci talenti, conoscenze o competenze che hai e di cui sei particolarmente orgoglioso.

Sull'altro foglio stila invece una lista di dieci cose che ti piacerebbe imparare nel futuro.

Le motivazioni per cui le potresti voler imparare possono essere varie, andando dal piacere di accrescere la propria cultura personale, fino alla loro utilità nel mondo lavorativo o personale, passando da competenze e conoscenze che potrebbero tornarti utili nella vita di tutti i giorni.

Fatto?

Bene, ora è il momento di lavorare su queste due liste.

Torna sulla prima delle due.

Prova a visualizzare vari scenari in cui puoi mettere in pratica le tue dieci doti scritte su questa lista.

E mi raccomando: ricordati di metterle in pratica quando ne avrai l'occasione!

Fare un qualcosa in cui si è già bravi, ti aiuterà sicuramente ad aumentare la tua autostima.

Il ragionamento che il nostro cervello fa, più o meno consciamente, è quasi quello di stupirsi ogni volta accorgendosi di quanto si è bravi in un qualcosa.

Di conseguenza, si inizierà a pensare di poter diventare bravi anche in altre mansioni.

Se sei una persona intraprendente, so cosa ti starai chiedendo arrivato a questo punto.

"Lo so che sono già bravo a fare ciò che ho segnato su questa lista, non voglio rimanere legato a cose che già so fare!"

Se hai pensato ad un qualcosa del genere, ti faccio i miei complimenti: vuol dire che hai davvero voglia di migliorarti e sei pronto a metterti in gioco anche e soprattutto in ambiti in cui ora non eccelli.

Questa è la giusta attitudine.

E devo ammettere che non hai assolutamente tutti i torti.

Non voglio intendere che per aumentare la tua autostima tu debba per forza di cose restare dentro la tua *comfort zone* -anzi-, tuttavia ricordarsi le proprie qualità e fare qualcosa in cui già si è bravi, ti aiuterà a trovare la giusta motivazione per acquisire nuove doti.

Questa era solamente la prima parte dell'esercizio, ora arriva il bello.

Riprendi in mano la seconda lista.

Davanti a te hai ora dieci cose su cui vuoi migliorare.

Dieci concetti da apprendere.

Dieci competenze da acquisire.

Bene, inizia a scegliere quelle che per te sono le più importanti.

Non sceglierne molte in questo frangente, anche solamente una può bastare.

Devi essere in grado di dedicare il giusto tempo ad ogni voce della lista.

Ora è essenzialmente arrivato il momento di acquisire quella determinata competenza.

Come?

Semplice, decidendo di agire quotidianamente e con costanza!

Se, ad esempio, vuoi diventare esperto su un determinato argomento, ritagliati un'ora al giorno in cui leggere dei libri di quel settore di cui vuoi approfondire le tue conoscenze.

Ti faccio un esempio pratico.

Questo esempio non riguarda la vita lavorativa o chissà quali competenze specifiche di alto livello, ma si concentra su un'azione che giornalmente (anzi, a dire la verità più volte al giorno) dovremmo fare.

Mettiamo caso che io non sappia cucinare e che voglia o debba imparare a farlo.

Piuttosto che delegare la preparazione dei miei pasti ad altri, riscaldare cibi precotti in microonde o ordinare tutti i giorni da ristoranti take-away, l'unico vero metodo che ho per imparare è quello di iniziare ad impegnarmi veramente, mettendomi quotidianamente ai fornelli.

Piano piano, mi accorgerò di migliorare, il che mi darà la possibilità di godere principalmente di tre benefici.

Prima cosa, ovviamente, avrò acquisito una nuova competenza.

In secondo luogo, avrò compreso che sono in grado di uscire dalla mia *comfort zone* e di imparare cose nuove.

Queste primi due punti, mi aiuteranno a migliorare la mia autostima, dandomi così la forza e la motivazione di intraprendere nuovi percorsi che mi porteranno ad imparare nuove cose e, di conseguenza, a migliorare sempre più la mia autostima.

In ultimo, ma non per importanza, potrò trarre dei benefici pratici da ciò che ho appreso.

In questo esempio questi benefici sono molto lampanti: ad esempio, sarò completamente indipendente, potrò avere più controllo su ciò che mangio e sul denaro che spendo per preparare i miei pasti, oltre a, cosa più importante, migliorare la qualità della mia alimentazione.

Anche nei casi in cui si acquisiscano nuove conoscenze non spendibili nella pratica, già solo il piacere di aver imparato un qualcosa di nuovo o di avere aumentato la propria cultura generale, avrà un effetto positivo sulla propria autostima e sul proprio benessere mentale più in generale

Quanto detto prima appare bello e semplice, ma lo è per davvero solo in un mondo ideale.

La realtà è che non tutte le persone possiedono la giusta forza per intraprendere un percorso che le porterà ad un arricchimento delle proprie capacità.

La colpa di questo blocco è imputabile proprio ad un problema di bassa autostima.

Se soffri di bassa autostima, ti verrà difficile scegliere di provare qualcosa di nuovo, semplicemente perché penserai già in partenza di fallire, non credendo di essere sufficientemente bravo per aver successo.

Tuttavia, come abbiamo visto nei paragrafi precedenti, un primo metodo molto efficace per migliorare la propria autostima è proprio quello di imparare cose nuove.

Il rischio quindi è chiaro: si potrebbe entrare in un circolo vizioso in cui non si sceglie di agire a causa di una bassa autostima e non si migliora la propria autostima proprio perché non si sceglie di agire, privandoci così della possibilità di avere successo.

A questo punto, bisogna capire come spezzare questo circolo vizioso, tanto pericoloso quanto comune tra le persone.

Non vi sono risposte semplici in questo contesto ed ogni persona può trovare la giusta motivazione a seguito di ragionamenti o spinte diverse, anche se non è facile.

Un primo motore potrebbero essere le competenze e le conoscenze che già si hanno.

Come abbiamo già visto, infatti, insistere su questi punti ti renderà motivato e ti aiuterà a convincerti che sei capace di avere successo e di eccellere.

Se ciò non fosse comunque sufficiente, vorrei aiutarti provando a spiegarti un percorso mentale che aiuta ogni giorno moltissime persone ad uscire da questa dannata fase di stallo.

Riprendi in mano la lista delle cose che vuoi imparare stilata prima e scegline una che ha per te una particolare importanza e a cui vuoi dare la precedenza.

Prova ora a visualizzare uno scenario in cui eccelli proprio in quell'aspetto che hai scelto.

Cosa provi a questo pensiero?

Nel caso provassi reale felicità, vuol dire che questo è davvero un ambito per te importante e in cui vuoi a tutti i costi migliorare.

Bene, tieni a mente questa sensazione: sarà la tua principale fonte di motivazione.

Ora è arrivato il momento più delicato di tutto il percorso.

È arrivato il momento di affrontare la paura.

Coloro che soffrono di bassa autostima solitamente arrivano a questo punto ad una fase di stallo, decidendo di non agire in quanto sicuri che non riusciranno ad avere successo in ogni caso.

Prova a farti forza tramite la motivazione di prima, ricordandoti quanto l'obiettivo dell'acquisire questa nuova competenza sia per te importante.

Non aver paura di sbagliare: può succedere e, nel caso realmente succeda, pazienza, non vuol dire che tu sia meno bravo.

Ci riproverai.

L'importante a questo punto è prendere la decisione conscia di agire, sconfiggendo le proprie paure di fallire.

Agendo e sbagliando, anche varie volte, avrai l'occasione di imparare dai tuoi errori, acquisendo ad ogni tentativo nuove conoscenze che ti porteranno in men che non si dica a raggiungere i tuoi obiettivi.

Affrontare la propria paura di sbagliare è il solo modo per uscire da questa fase di stallo indotta dalla paura di sbagliare e, a sua volta, dalla bassa autostima.

Cerca di far tesoro di tutto ciò che ti circonda: qualsiasi cosa può potenzialmente essere un'ottima fonte di motivazione, anche la paura stessa, la quale spinge molte persone a mettere un maggiore impegno per raggiungere i propri obiettivi.

Prova a riflettere su ciò che può essere la tua motivazione, così facendo riuscirai a trovare il coraggio nel buttarti in nuovi percorsi di miglioramento e in nuovi progetti che ti porteranno ad acquisire sempre nuovi talenti.

Napoleone nel suo famoso libro *L'arte di comandare* scrisse "*I sovrani abbisognano talora di appoggiarsi ad una vittoria per tentare una novella impresa*".

Con questa massima Napoleone ci fa capire come anche per le persone di maggior successo (in questo caso si parla addirittura di sovrani) sia importante agire e riuscire in un qualcosa per trovare la forza, la motivazione e l'autostima per iniziare ad intraprendere un nuovo percorso.

Ecco, quando ti senti scoraggiato ed insicuro, cerca di ricordare queste parole.

Chiunque prova paura quando deve iniziare un nuovo progetto.

La provo io, la provi tu e probabilmente la provava anche lo stesso Napoleone.

Questa paura non deve però bloccarti: devi pensare di essere in grado di superare tutte le difficoltà che ti si presenteranno davanti e di raggiungere i tuoi obiettivi.

Non te lo nascondo, in questo viaggio incontrerai molte difficoltà, ma devi avere il coraggio di affrontarle.

Per trovare questo coraggio, ti consiglio di tornare al punto di partenza di questo capitolo: il dialogo con se stessi.

Prova a cercare una motivazione interna del perché tu voglia intraprendere questo percorso.

Ricorda la sensazione che hai provato visualizzando lo scenario in cui possiedi quella determinata competenza.

Pensa a quanto bene ti faccia sentire il saper padroneggiare un determinato concetto.

Questi sono tutti degli utilissimi motori per spezzare questo circolo vizioso di negatività dovuto in particolare ai problemi di autostima.

La cosa più interessante di questo percorso consiste nella sostituzione di un circolo vizioso (quello dettato dalla paura) con uno nuovo.

Questo nuovo circolo vizioso sarà invece dettato dalla voglia di agire.

Agendo e avendo successo, anche, perché no, passando per qualche fallimento, la tua autostima migliorerà, dandoti la forza di affrontare nuove sfide e di migliorare nuovamente te stesso.

Raggiungendo questi nuovi obiettivi, la tua autostima migliorerà ulteriormente, innescando questa nuova reazione a catena che ti porterà ad un costante miglioramento.

È proprio questo che Napoleone intendeva scrivendo del bisogno di *"appoggiarsi a una vittoria per tentare una novella impresa"*.

In questo circolo vizioso non ci sono limiti e potrai solo che migliorare sotto tutti i punti di vista.

L'unico problema consiste nel riuscire a fuggire dalla negatività dettata dalla paura di sbagliare.

Come ormai avrai capito, ma te lo ripeto nuovamente per chiarire il concetto, non c'è una vera e propria *to do list* universale per farlo, ma ognuno deve cercare di trovare la propria motivazione.

Io ho cercato di darti in questo capitolo alcune linee guida che hanno funzionato per la maggior parte delle persone, ma ti invito, oltre che a provare a mettere in pratica quanto detto, a scavare in te stesso al fine di tracciare il tuo personale percorso.

Nel farlo, ricordati la cosa più importante: dialoga con te stesso al fine di conoscerti meglio.

Questo è l'unico punto di partenza possibile per capire quali siano le tue caratteristiche, i tuoi punti di forza e le tue debolezze.

Facendolo, sono più che sicuro che riuscirai a trovare la giusta motivazione per intraprendere il percorso che ti porterà a migliorare   la   tua   autostima.

4. Perfezionismo e gratitudine

4.1 Imparare ad apprezzare per migliorare l'autostima

Come avrai capitolo dal titolo, in questo capitolo analizzeremo due atteggiamenti differenti, ma ugualmente degni di nota.

Cercheremo di capire la loro importanza, perché devono essere intesi come dei campanelli d'allarme per alcuni problemi di autostima e come fare, tramite alcuni consigli pratici, a migliorare questi due aspetti della propria vita al fine di correggere certi problemi di autostima e di sviluppare una personalità più equilibrata.

Questi due atteggiamenti sono ovviamente il perfezionismo e la gratitudine.

Presi così, un po' superficialmente, questi due aspetti potrebbero sembrare slegati, ma la realtà dei fatti è che il perfezionismo e la gratitudine sono due fattori indissolubilmente legati, i cui problemi sono causati dalle stesse criticità dell'autostima.

Riuscire a bilanciare questi due caratteristiche, avrà sicuramente un grande impatto sulla tua autostima, riuscendo di conseguenza a migliorare la tua vita in generale e a renderti una persona più felice e positiva.

Prima di proseguire, però, cerchiamo di capire con precisione cosa si intende con le parole perfezionismo e autostima, dando una definizione univoca e precisa a questi termini.

Con perfezionismo si intende la tendenza di esigere da se stessi, dagli altri e da tutto ciò che ci circonda, sempre e solo il meglio.

Analizzeremo con precisione da cosa è causata questa tendenza e quali problematiche implichi una sua esagerazione in un paragrafo apposito, in particolare concentrandoci sui risvolti che ha sull'autostima.

Con gratitudine si intende quel sentimento di riconoscenza nei confronti di un qualcosa che valutiamo come positivo.

Da notare che il destinatario della gratitudine, il qualcosa a cui siamo grati, non per forza deve essere una persona, un'azione o un evento esterno, ma può riverirsi anche a se stessi, ad una propria dote, ad una propria attitudine o ad un qualcosa che si è deciso di fare.

Questa e molte altre particolarità e declinazioni della gratitudine, oltre che al perché sia così importante e come avere un buon rapporto con essa, verranno trattate più avanti nel capitolo, anch'esse in un paragrafo dedicato.

Ciò che dovresti aver capito a seguito di questa introduzione, è la necessità di trovare il giusto bilanciamento tra questi due aspetti.

Un'esagerazione di perfezionismo porta ad infelicità, dato che ci si prefiggerà obiettivi irrealizzabili senza contemplare la possibilità di fallimento.

Dall'altra parte, però, se si è completamente disinteressati a mantenere certi standard di qualità, più o meno elevati, nella propria vita, non si avrà il giusto stimolo per migliorarsi.

Per quanto riguarda la gratitudine, è necessario che ognuno di noi impari l'importanza dell'essere grato, anche e soprattutto verso le piccole cose e verso se stessi.

Tuttavia, questa non deve diventare una scusa per non iniziare dei percorsi di sviluppo personale.

In sostanza, bisogna capire l'importanza di questi fattori, senza eccedere in nessuno dei due estremi.

Prima di proseguire con un'analisi più dettagliata di questi due aspetti, vorrei raccontarti un aneddoto della vita di Napoleone, il quale sicuramente ti aiuterà a capire l'importanza di questi due fattori nel caso tu non l'abbia ancora compresa a pieno.

Da questa breve storia realmente avvenuta puoi imparare un atteggiamento positivo da adottare anche nelle situazioni di difficoltà, al fine di tenere sempre a mente questi due importanti atteggiamenti in ogni occasione.

Questa storia risale al giugno 1810.

Napoleone era già l'uomo più influente e potente del mondo, essendo l'Imperatore dei Francesi da ormai sei anni.

Abile stratega, Napoleone comprese che vi era un problema circa gli approvvigionamenti per il suo esercito.

In poche parole, si pose la seguente domanda.

Come fare a spostare grandi quantità di cibo velocemente facendo in modo che non si rovini o che vada a male in poco tempo?

Né lui, né nessuno dei suoi più stretti collaboratori riuscirono a trovare una risposta a questa domanda. Così, Napoleone decise di bandire un concorso avente come premio ben dodicimila franchi per chi riuscisse a proporre all'imperatore una soluzione funzionale a questo problema.

Nel frattempo, in un altro angolo della Francia, fin dal 1795 un pasticcere di nome Nicolas Francois Appert si stava ingegnando per mettere a punto un nuovo metodo di cottura e conservazione degli alimenti.

Questo metodo consisteva nel far bollire gli alimenti, generalmente carni e verdure, mettendo poi il prodotto in un recipiente sigillato e facendolo bollire nuovamente.

Questo processo, ideato da Appert senza alcuna conoscenza scientifica, ma tramite competenze apprese solo sul campo, consentiva di conservare gli alimenti a lungo, bloccando i processi di putrefazione e fermentazione degli alimenti, con particolare efficacia sulla carne.

Insomma, Nicolas Francois Appert, ben prima della scienza, ideò il cibo in scatola.

Nel 1804 aprì il suo primo negozio, nel quale iniziò a vendere il cibo cotto e conservato tramite la tecnica da lui ideata.

La sua clientela fu subito numerosa e variegata.

Tuttavia, gran parte dei suoi clienti erano per lo più marinai e militari, i quali acquistavano i prodotti in vendita nel negozio di Appert in vista di lunghi viaggi, proprio a causa della loro caratteristica di garantire una lunga conservazione e una facilità nel trasporto e nel consumo.

Dato il successo di questo genere di prodotti, proprio nel 1810, Appert decise di scrivere tutte le sue conoscenze e tecniche su un manuale che pubblicò con il nome di *L'arte di conservare tutte le sostanze animali e vegetali.*

Prima di proseguire con questa curiosa storia, è necessario notare quanto fu straordinaria l'impresa di Appert.

Per notarlo, senza dilungarsi troppo su questo punto, basti fare presente che le conoscenze scientifiche permisero di creare un brevetto per il cibo in scatola solamente circa cinquant'anni più tardi.

Detto questo, torniamo a Napoleone.

Nicolas Appert si iscrisse al concorso indetto da Napoleone, con la convinzione di avere tutte le carte in regola per vincere i dodicimila franchi.

Prova ad indovinare.

Li vinse.

Questa storia ci può insegnare tre cose.

La prima è che anche un uomo umile, come un semplice pasticcere come lo era Nicolas Francois Appert, può essere in grado di fare grandi cose se dotato della giusta motivazione e autostima.

In seconda battuta, dobbiamo notare due atteggiamenti di Napoleone.

Il primo è quello di accettare una soluzione funzionale al suo obiettivo, seppur non all'altezza dei banchetti regali a cui lui e i suoi collaboratori erano abituati a partecipare.

La soluzione che cercavano non doveva essere perfetta a tutti i costi, ma doveva essere quella giusta per risolvere un preciso problema.

E quella di Appert lo era.

In ultimo, ti invito a notare la gratitudine che Napoleone e il suo team riservarono all'uomo che riuscì ad aiutarli.

Nicolas Appert non solo riuscì ad aggiudicarsi il premio di dodicimila franchi, cifra importante ancora oggi, ma che lo era molto di più all'epoca, ma riuscì anche ad avere la gratitudine e la stima niente di meno che del proprio Imperatore.

Un onore riservato a pochissimi nella storia.

Da questa storia dobbiamo quindi imparare l'importanza del credere di aver successo per aver successo.

Dobbiamo imparare l'importanza di accettare, nei momenti di difficoltà, anche soluzioni che non sono perfette, ma che sono comunque capaci di risolvere un grave problema che dobbiamo affrontare.

Dobbiamo infine imparare l'importanza della gratitudine nei confronti di tutte quelle azioni, persone o atteggiamenti che ci aiutano a raggiungere i nostri obiettivi.

Se il primo punto qua esposto è stato già trattato nel precedente capitolo, nei seguenti paragrafi troverai un'analisi precisa, teorica e pratica, sul perfezionismo e sulla gratitudine.

4.2 Il perfezionismo è sempre un bene?

Ora è il momento di analizzare più nel dettaglio cosa è il perfezionismo, perché è così importante e come trovare quell'equilibrio fondamentale che può aiutarti sia a migliorare la tua autostima, sia ad avere più successo in tutti gli ambiti della tua vita.

Ma non perdiamo tempo e rispondiamo subito alla domanda che dà il titolo a questo paragrafo.

Il perfezionismo è sempre un bene?

La risposta secca è no.

Attenzione, non illuderti: devi sempre cercare il meglio e tentare ogni giorno di migliorarti, ma devi anche porti degli obiettivi realizzabili e contemplare che, ogni tanto, potresti anche sbagliare e, nel caso capitasse, ricordati che non è di certo la fine del mondo.

Lo stesso Napoleone disse *«ci sono ferite alle quali sarebbe preferibile la morte. Ma sono poche»*.

E anche questa volta Napoleone ha ragione.

Ricercare sempre il perfezionismo non è alla lunga altro che deleterio e nasconde in profondità problemi ben più gravi del singolo fallimento.

Torniamo allo scenario del capitolo precedente.

Hai fatto la lista con le dieci cose che vorresti imparare, ma hai paura di agire.

Oltre a tutto ciò che abbiamo già ampiamente analizzato, è arrivato il momento di introdurre un nuovo scenario.

Questa integrazione a quanto detto in precedenza vuole mettere al centro del problema proprio un eccesso di perfezionismo.

Molte persone, infatti, non agiscono perché si danno degli standard troppo elevati, vedendo così costantemente il loro obiettivo troppo distante.

Il problema di questo tipo di persone è proprio l'eccesso di perfezionismo, il quale però, ancora una volta, non è nient'altro che un modo per nascondere la propria paura di sbagliare.

Puntando sempre e solo alla perfezione, ci si sentirà sollevati dalla responsabilità di agire, in quanto si sosterrà che i propri obiettivi resteranno per sempre irrealizzabili, pensando più o meno consciamente che non si sarà mai in grado di raggiungerli.

Sotto questo strato di problematiche più superficiali non si nascondono altro che dei problemi di autostima.

Sono proprio questi problemi, come abbiamo visto nei casi esposti nel precedente capitolo, ad impedirti di agire.

In questo nuovo scenario, possiamo affermare che sono solamente meglio camuffati, ma sotto la maschera del perfezionismo, vi è ancora una volta una sbagliata percezione delle proprie reali capacità.

Il primo passo per aggirare a questo problema è quello di evitare di porsi obiettivi irrealizzabili.

Non voglio suggerirti di accontentarti di avere una vita al massimo mediocre, ma voglio consigliarti un nuovo metodo per organizzare i tuoi obiettivi.

Se, ad esempio, hai sempre avuto il sogno di scrivere un romanzo e hai anche già pensato ad un soggetto efficace, appassionante e con buon ritmo, ma pensi che la scrittura di un libro costituisca un processo troppo lungo e complesso per te, ti consiglio di porti degli obiettivi più piccoli e raggiungibili nel breve periodo.

Ad esempio, potresti porti come obiettivo quello di completare un capitolo ogni settimana.

Dandoti degli obiettivi intermedi, più facilmente raggiungibili e con delle date di scadenza più o meno vicine nel tempo, riuscirai a visualizzare degli obiettivi che probabilmente reputerai più raggiungibili.

Raggiunti i primi obiettivi intermedi, la tua autostima migliorerà e piano piano capirai di essere in grado di portare a termine anche tutto il progetto.

Tornando all'esempio del romanzo di prima, terminato il primo capitolo con successo, ti garantisco che troverai immediatamente la motivazione per iniziare a lavorare anche sul secondo capitolo.

Finito il secondo capitolo, sarà la stessa cosa con il terzo, e così a proseguire fino a quando, in men che non si dica, ti ritroverai con il tuo romanzo terminato in mano.

Da notare, quindi, che più andrai avanti a scrivere più crederai di essere capace di poter farti carico di realizzare i nuovi capitoli.

La montagna che all'inizio ti sembrava impossibile da scalare, in questo esempio la scrittura del libro completo, ti apparirà sempre più accessibile.

Approfondiremo comunque questa strategia nel capitolo dedicato alla pianificazione.

Tornando a questo capitolo, dobbiamo notare come questo cambiamento di punto di vista possa essere imputabile a due fattori.

Da una parte c'è il caso in cui realmente all'inizio non avevi le capacità per portare a termine il tuo percorso, ma, lavorando per step, sei riuscito ad acquisire nuove competenze che ti hanno aiutato nel tuo viaggio verso la realizzazione dei tuoi obiettivi.

Dall'altra parte, invece, abbiamo uno scenario in cui fin da subito tu possedevi tutto ciò che era necessario per raggiungere i tuoi obiettivi, ma eri convinto del contrario.

Questo secondo scenario è imputabile a dei problemi di autostima: il tuo sé reale (le tue reali capacità) non coincideva con il tuo sé percepito (ovvero ciò che credevi di essere capace), dandoti l'impressione che il sé ideale (la versione di te capace di scrivere un romanzo) fosse troppo distante da ciò che eri.

In entrambi questi casi, non avevi deciso di agire in precedenza perché essenzialmente avevi la paura di sbagliare.

Il romanzo, nella tua testa, doveva essere perfetto, e tu non avevi o non credevi di avere le giuste competenze per crearlo.

Questo è uno scenario molto comune.

Dimenticare l'inutile ambizione e l'irraggiungibile obiettivo di perfezione del risultato finale in favore di un'organizzazione che include piccoli obiettivi, più semplici e facilmente raggiungibili, ti darà la forza di andare avanti, aiutandoti anche a migliorare la tua autostima ad ogni nuovo obiettivo raggiunto.

Non importa se ogni tanto sbaglierai o non sarà tutto perfetto: la perfezione è solamente un obiettivo irraggiungibile, dimenticala.

È molto curioso che anche lo stesso Napoleone ragionò più volte su questo punto e su questa malsana tendenza della mente umana.

Dopo tante riflessioni, si convinse anch'egli che la perfezione era per un uomo in fondo irraggiungibile.

Napoleone riuscì a riassumere questo concetto in una massima di grande bellezza e con un significato particolarmente intenso, ancora una volta inclusa ne *L'Arte di Comandare*:

«Non ha forse il sole anch'esso le sue macchie?».

Abbiamo visto che molte delle persone che soffrono di problemi di autostima si dimenticano delle proprie doti o, ancora peggio, non si accorgono di averle.

Altrettante persone che hanno questo tipo di problemi, comprendono le proprie doti, ma continuano a pensare che queste non siano sufficienti per raggiungere con successo gli obiettivi che si sono prefissati nella vita.

Se è vero una parte dell'errore può essere quello di porsi degli obiettivi realmente irrealistici, è altrettanto vero che l'infelicità e la bassa autostima di queste persone sono a volte dovute anche ad una tendenza a dare tutto per scontato.

Questo genere di persone dà per scontato tutte le loro doti e i propri talenti.

Danno per scontato tutte le cose belle che succedono loro.

Danno per scontato tutti i rapporti personali che instaurano con le altre persone.

Danno per scontato addirittura ciò che sono.

In poche parole, queste persone si dimenticano di essere grate della loro vita.

Questo è un tipo di comportamento particolarmente comune nella nostra epoca, soprattutto tra i giovani e i giovanissimi, ma ampiamente diffuso anche in persone con qualche anno di età in più.

Molti esperti rilevano l'origine dell'aumento di questa attitudine nel nuovo rapporto che si ha con i media.

Ogni giorno entriamo in contatto con foto o video di VIP o influencer che millantano una vita perfetta e paradisiaca.

Inconsciamente, molte persone reagiscono valutando la propria esistenza e, di conseguenza, la propria persona, negativamente.

Al giorno d'oggi è quindi ancora più importante, di tanto in tanto, prendersi un momento per fermarsi a ragionare su se stessi e rendersi conto di quanto si sia fortunati.

Sono sicuro che hai moltissimi motivi per essere grato della tua vita.

Prova a ragionare su questo punto, troverai moltissime motivazioni, interne ed esterne, che ti aiuteranno a ricordarti di quanto tu debba essere grato per ciò che ti succede e per ciò che sei.

Ti invito a riflettere sui tuoi rapporti familiari, sui tuoi rapporti sociali o quelli con il tuo o tua partner.

E, perché no, ti invito anche a riflettere su tutti i beni materiali, essenziali e non, che possiedi o di cui fai abitualmente uso.

La tua casa, il cibo che mangi, la tua macchina, lo smartphone o il tuo computer: tutte queste cose non sono da dare per scontato, in quanto ancora oggi molte persone nel mondo non ne hanno accesso.

Se non ti avessi ancora convinto che per lo meno chiunque abiti in un paese dell'Occidente avanzato debba ritenersi fortunato e che debba essere grato della propria vita, ti invito a riflettere su un altro punto.

Se stai leggendo questo libro, molto probabilmente pensi di avere dei problemi di autostima oppure stai comunque cercando di apprendere nuove conoscenze per migliorare la tua cultura generale e la tua persona.

Bene, anche solo il riconoscere di avere un problema e la voglia di risolverlo e di migliorarsi, dovrebbero costituire dei buoni motivi per essere grati.

Non molte persone hanno la forza di ammettere di essere imperfette.

Allo stesso modo, molte persone, pur accorgendosi di avere un problema, si rifiutano o sono impossibilitate ad affrontarlo.

Ma non tu.

Che tu abbia o no un problema, il fatto che tu stia leggendo un libro, ed in particolare proprio questo libro, sottolinea la tua attitudine positiva, la quale ti porterà sicuramente a migliorare la tua persona ogni giorno che passa.

E questo è un ottimo motivo per essere grati.

Essere grati con se stessi è particolarmente importante, in quanto costituisce uno dei migliori modi per riconoscere le proprie doti e, di conseguenza, per aumentare la propria autostima.

Queste pause dalla vita frenetica dell'era moderna, importanti per riflettere su quanto si sia fortunati, su quanto sia importante non dare nulla per scontato (anche per quanto imperfetto un qualcosa possa essere) e per essere grati della propria voglia di miglioramento, non devono essere prese una o due volte nella vita, ma è necessaria una frequenza ben più maggiore nel farlo.

Prima di procedere con il prossimo capitolo, voglio quindi spiegarti un esercizio pratico che ti aiuterà a ritagliare un po' di tempo per riflettere su questi punti.

Ancora una volta di servirà una penna, ma al posto del classico foglio di carta, ti chiederei di prendere un quadernino, un blocco o un'agenda.

Bene, vai sulla prima pagina e in alto scrivi la data di oggi.

Ora scrivi tre cose che hai fatto o che ti sono successe di cui sei grato.

Non è importante se siano grandi come aver ricevuto un importante bonus sulla busta paga o anche più piccole come una semplice passeggiata in campagna.

Fa lo stesso: l'importante è che tu le scriva.

Bene, ora chiudi il tuo blocco o quaderno e dimenticatene fino al giorno dopo.

Domani, prima di andare a dormire, riprendilo in mano, scrivi la nuova data e tre cose che ti saranno successe quel giorno di cui sei grato.

E così via dicendo per ogni giorno a venire.

Questo esercizio è molto utile per aiutarti a comprendere quanto tu sia fortunato e quante cose accadano ogni giorno per cui tu debba essere grato.

Ti assicuro che, una volta presa questa abitudine, quest'azione diventerà automatica e avrà incredibili effetti positivi sul tuo umore: sarai più positivo e la tua autostima migliorerà, consentendoti quindi di essere una persona più felice.

5. Vizi e compensazioni: le conseguenze dei problemi di autostima

5.1 Capire le conseguenze dei problemi di autostima per diventare persone migliori

Dopo aver dato una definizione di autostima, aver analizzato le sue problematiche e alcuni modi per risolverle, è arrivato ora il momento di conoscere come le sue criticità impattino sulla vita di tutti i giorni.

Capire queste conseguenze pratiche può essere utile in particolare per due ragioni: la prima riguarda gli altri, l'altra se stessi.

Per prima cosa, infatti, se conosci le conseguenze di una bassa autostima, quando rileverai questo tipo di comportamenti in chi ti circonda, eviterai di prendertela eccessivamente sul personale, in quanto riuscirai a comprendere che, molto probabilmente, quella determinata persona sta soffrendo e che presenta problemi ben più gravi di ciò che mostra superficialmente.

Quando ti imbatti in casi del genere, piuttosto di arrabbiarti con quella persona, anche se non è affetto semplice, prova a parlarci e a cercare di capire cos'abbia che non va.

Così facendo riuscirai ad aiutarla, evitando che questi suoi atteggiamenti continuino a lungo.

Il secondo punto, come detto, riguarda sé stessi.

Conoscere le conseguenze dei problemi di autostima è anche estremamente utile per conoscere meglio le proprie problematiche.

Abbiamo già detto come molte persone non si accorgano nemmeno di presentare alcune problematiche oppure, pur accorgendosene, non riescono a dare una svolta alla propria vita a causa della paura e dell'insicurezza provata prima di agire.

Nel caso leggessi nelle prossime righe alcune caratteristiche che ti appartengono, è molto probabile che tu stesso abbia dei problemi d'autostima: riconoscerlo è il primo passo per porre rimedio.

Nel caso invece tu già sapessi di avere qualche problema, ma non riuscissi comunque ad iniziare un percorso di cambiamento radicale, ti consiglio di prendere spunto da quanto verrà detto di seguito, cercando di perdere queste abitudini immediatamente.

Certo, nemmeno questo passaggio sarà molto semplice e richiede molto impegno e forza di volontà, ma, partendo dalle piccole cose di tutti i giorni, risulterà più facile poi apportare un cambiamento alle macro-aree della tua vita.

Perdendo determinati comportamenti causati dai problemi di autostima, avrai nella vita di tutti i giorni un atteggiamento più positivo e, di conseguenza, anche la tua autostima ne beneficerà.

Ricordiamo poi che, dandosi degli obiettivi, anche piccoli, e raggiungendoli con successo, si innescherà quel circolo vizioso per cui ogni cosa ti sembrerà più semplice.

Così facendo, crescerà la tua motivazione e aumenterà la tua convinzione di poter dare un cambiamento alla tua vita e migliorerà di conseguenza anche la tua autostima.

Nei prossimi paragrafi procederemo quindi ad analizzare tutti i comportamenti che presentano le persone con bassa autostima.

Per comodità e per essere più chiari, ho deciso di dividere tutte le conseguenze dei problemi di autostima in due categorie separate, ovvero i **vizi** e le **compensazioni**.

Ovviamente, queste categorie non devono essere prese come a sé stanti, ma bisogna sapere e ricordare sempre che comunicano tra di loro e che non vi è assolutamente una linea di demarcazione netta tra le due, ma anzi, molti comportamenti potrebbero far parte di entrambe queste categorie.

Chiarito questo punto, senza ulteriori indugi, è arrivato il momento di tuffarsi in questa analisi.

Le persone che hanno problemi di autostima, soprattutto quando questa è bassa, hanno spesso molti vizi.

Questi vizi sono sempre poco salutari, peggiorando la condizioni di chi li presenta non solamente dal punto di vista fisico e di salute in senso stretto, ma coinvolgendo anche altri aspetti della sua vita, come ad esempio quello finanziario o quello sociale.

Iniziando ad analizzare il comportamento di queste persone in generale, possiamo facilmente notare come il loro stile di vita sia generalmente molto sedentario e caratterizzato da una pigrizia più alta della media.

Queste persone passano molto spesso tanto del loro tempo davanti alla televisione a guardare programmi poco formativi, oppure spendendo inutilmente diverse ore al giorno sui social network.

Una delle conseguenze di questo tipo di approccio alla vita è la continua procrastinazione quando si tratta di cose importanti.

Infatti, quando si tratta di svolgere qualche compito essenziale, in cui magari c'è però la possibilità di fallire, questa categoria di persone trova sempre qualche scusa per rimandare il lavoro, spiegando questi slittamenti a seguito della mancanza di tempo, la quale, come abbiamo visto, è causata molte delle volte solamente dalle ore spese davanti allo schermo del proprio televisore o dello smartphone.

Certo, esistono persone che realmente hanno molte cose segnate in agenda e hanno quindi poco tempo per dedicarsi a nuovi lavori, ma non stiamo parlando di individui che rientrano in questa categoria.

Entrando più nel dettaglio dei vizi, possiamo invece notare come ogni persona che soffre di problemi di autostima abbia i suoi vizi "preferiti": c'è chi fuma molte sigarette, chi fa shopping compulsivo, chi non riesce a trattenere il proprio appetito e si fionda sul cibo spazzatura, chi fa un uso smodato di bevande alcoliche, chi, addirittura, ricorre alle droghe e molti, molti altri vizi che affliggono questa categoria.

È abbastanza inutile sottolineare come questi vizi, protratti per un lungo periodo, possano portare a problemi di salute e non solo molto gravi e da non sottovalutare.

Ad alcuni dei comportamenti sopracitati è necessario porre un rimedio il prima possibile: questi sono i vizi più gravi e che possono portare alle peggiori conseguenze, ma parliamo generalmente di casi rari.

Queste persone difficilmente riusciranno a spezzare questo circolo vizioso da sole, necessitando invece molto spesso di un aiuto esterno, a volte anche di esperti.

Molto più spesso, però, le persone che soffrono di problemi di autostima hanno dei vizi più blandi o maggiormente accettati dalla società.

Paradossalmente, sotto certi punti di vista, una situazione del genere è peggiore e porta ad una sottovalutazione del problema.

Se hai uno di questi vizi, voglio invitarti a provare questa tecnica che molto probabilmente ti aiuterà a liberarti da queste spiacevoli abitudini.

Prova a sostituire un tuo vizio negativo con un qualcosa di più salutare.

Ti faccio un esempio.

Se sei una persona che fuma molto, oppure che non riesce a trattenersi dal mangiare compulsivamente (in gergo questo fenomeno è chiamato *binge eating*), ogni qualvolta ti viene voglia di accendere una sigaretta o di aprire una scatola di biscotti, riflettici un attimo e prova invece, ad esempio, ad andare a fare una passeggiata all'aria aperta o a coltivare un hobby costruttivo come potrebbe essere il giardinaggio.

In questo modo, con il dovuto tempo, riuscirai a sostituire un'abitudine poco salutare (un vizio, per l'appunto) con un'abitudine positiva, capace anche di migliorare sia la tua condizione fisica che quella mentale.

Certo, non parliamo di un qualcosa di facile, ma con il giusto impegno e con buona costanza sono sicuro che riuscirai a raccogliere notevoli risultati.

Anche in questo caso, vale lo stesso discorso che abbiamo fatto nei capitoli precedenti quando si parlava dell'agire.

All'inizio sarà difficile perdere un vizio, magari radicato anche da tempo, ma, una volta che si vedranno i primi progressi, sarà sempre più facile proseguire su questo percorso.

Tornando all'esempio delle sigarette o del *binge eating*, da notare c'è anche il fatto che privandosi di questi vizi, oltre che ai risultati mentali, si avranno anche dei risultati fisici notevoli e immediatamente percepibili.

Smettendo di fumare si riuscirà a respirare meglio e non si avrà più quella tosse tipica dei fumatori.

Controllando la propria alimentazione, invece, i risultati saranno visibili direttamente sul proprio corpo e saranno una grande fonte di motivazione.

In sostanza, sostituendo qualunque di questi vizi con un'abitudine più salutare, ci si accorgerà di stare meglio.

Riflettendo sui risultati e sui successi ottenuti fino a quel determinato punto, ci si sentirà più motivati, e, insieme alla propria salute, al proprio portafoglio e ai rapporti interpersonali, si noteranno facilmente anche dei miglioramenti sulla propria autostima.

In poche parole, si sarà più felici.

Arriviamo quindi alla seconda conseguenza dei problemi di autostima.

In questo caso si parla di tutti quegli atteggiamenti che cercano di nascondere questo tipo di problemi e che per questo motivo ho deciso di chiamare compensazioni.

Molto spesso, infatti, le persone che presentano problemi di autostima, troppo alta o troppo bassa che sia, assumono certi atteggiamenti volti a camuffare quelle insicurezze con cui sono costrette a vivere.

In generale, possiamo affermare come questo genere di persone non riesca ad avere sempre atteggiamenti equilibrati, ma, proprio a causa di alcune criticità della loro autostima, sono portate ad estremizzare alcuni atteggiamenti per compensare al poco equilibrio che vi è anche nella relazione tra il sé reale, il sé percepito e il sé ideale.

Cerchiamo di fare qualche esempio di comportamenti pratici della vita di tutti i giorni, al fine di rendere questo concetto il più chiaro possibile.

Le persone che soffrono di problemi di autostima, generalmente, faticano parecchio a relazionarsi in modo sano con le altre persone, sia che siano in confidenza con queste, magari conoscendole anche da molto tempo, sia e soprattutto nel caso in cui si tratti di sconosciuti.

Se una persona presenta delle criticità nell'ambito dell'autostima, infatti, molto difficilmente avrà dei comportamenti equilibrati nei più disparati contesti sociale.

Questo genere di persone presenta quasi sempre o un carattere eccessivamente timido oppure un'attitudine troppo aggressiva.

Insomma, o troppo o troppo poco.

Ma il discorso non finisce qua.

Molto spesso queste persone hanno una grande voglia di cambiamento, vogliono uscire dalla loro *comfort zone*, ma temono comunque il cambiamento e per questo motivo restano relegate alla loro condizione di infelicità.

I motivi per cui ciò accade sono molteplici: li abbiamo già analizzati e ti ho anche esposto alcuni metodi pratici con cui superare questo problema.

Tuttavia, voglio farti notare in questo capitolo, a differenza di quanto fatto negli altri, che anche questa è un'estremizzazione per camuffare i problemi di autostima: dichiarandosi con amici, parenti, partner, conoscenti o chi che sia desiderosi di intraprendere un percorso di cambiamento, le persone con problemi di autostima cercano quasi di nascondere la loro paura di fallimento o la loro convinzione, molto spesso errata, di non poter o di non essere in grado di cambiare le cose.

In parole più semplici, le persone con problemi di autostima dicono che vogliono cambiare la propria vita solamente per nascondere il fatto che pensano di non essere in grado di poterlo fare.

Molto spesso la scusa che si danno, oltre al classico "non ho tempo", riguarda i comportamenti delle altre persone.

La spiegazione di questa frase ci porta al terzo e ultimo tipo di compensazione che voglio presentarti in questo capitolo.

Non tutte, ma molte persone con problemi d'autostima tendono a dare sempre la colpa agli altri per i propri fallimenti, cercando di nascondere un loro errore.

Questo è un classico esempio di come questo genere di persone cerchi di nascondere le proprie debolezze: vogliono apparire più forti di quello che realmente sono solamente perché si vergognano dei propri problemi.

Tornando a ciò che abbiamo detto all'inizio del libro, devi conoscere sia i tuoi punti di forza che quelli di debolezza.

Questi ultimi li devi quasi rispettare.

Puoi cercare di porre a questi un rimedio oppure, se non ti è possibile, devi imparare a conviverci.

Il tutto però senza vergognarti delle tue debolezze.

Nascondendole, emerge l'altro aspetto di questa estremizzazione: le persone con problemi d'autostima, pur dando la colpa alle altre persone, continuano a ricercare l'approvazione degli altri e fanno sempre di tutto per averla.

Questo è un punto molto importante: per essere felice non serve che tutte le altre persone ti amino e che ti continuino a dire quanto tu sia bravo in qualcosa.

Per creare sani rapporti interpersonali con le altre persone, invece, dovresti avere il coraggio di mettere in mostra anche le tue debolezze e se per questo non andrai a genio a qualcuno poco importa.

Citando sempre Napoleone ne *L'Arte di Comandare,* voglio qui farti capire che «*Un uomo non più dipende da altri quando non vuole più dipenderne*».

Questo di Napoleone è un importante invito, che qui umilmente voglio estenderti, a non pensare continuamente agli altri, a non continuare a basare la vita sulle opinioni che questi hanno di te o a cercare di usarli come scusa per non migliorarti.

Cerca invece di lavorare su te stesso, sulla tua opinione di te, sul migliorare le tue capacità, sull'acquisire nuove competenze e sul rispettarti.

Solo in questo modo riuscirai a coltivare sani rapporti, migliorare la tua autostima e ad essere realmente felice.

6. Pianificazione prima dell'azione: come raggiungere i propri obiettivi

6.1 Perché la pianificazione è la base del successo

Tutte le persone che nell'arco della loro vita sono riuscite a raggiungere certi risultati sapranno per certo che la pianificazione è alla base di ogni grande impresa.

Nessuno può pensare di raggiungere i propri obiettivi senza avere un piano organizzato in partenza.

Se questo assunto è valido per persone dotate di grande autostima, lo è ancora di più per persone con problemi di autostima: abbiamo visto come sia sempre difficile in questi casi agire per dare un cambiamento alla propria vita.

Se non si è dotati di un buon piano, l'agire per cercare di cambiare la propria situazione apparirà ancora più difficile e spaventoso.

Non voglio dirti che avendo un buon piano sarà facile partire con un nuovo progetto o lavorare per dare una svolta alla tua vita, ma sicuramente l'essere organizzati sarà un fattore in più che ti farà sentire maggiormente pronto al momento di partire, iniettandoti quella fiducia nelle vene essenziale per darti il giusto slancio iniziale.

Al contempo, riuscirai a diminuire sensibilmente la probabilità di arenarti alle prime difficoltà, cosa che ahimè capita a molte persone.

Avere un buon piano in partenza, coadiuvato da un buon lavoro già fatto in precedenza sull'autostima, ti aiuterà quindi a tenere sempre bene a mente la direzione del tuo viaggio, impedendoti di perdere la retta vita e la motivazione.

Tra tutti i grandi del presente e del passato c'è una figura in particolare che ben conosceva l'importanza della pianificazione e di una buona organizzazione.

Ovviamente sto parlando di Napoleone.

Napoleone lavorò tutta la sua vita per migliorare le sue capacità di pianificazione e, si può ora dire, che lo fece anche con grande successo.

Da giovane, come abbiamo anche già detto nel capitolo introduttivo, studiò presso alcune scuole militari francesi e, una volta terminati gli studi, riuscì a distinguersi tra le file dell'esercito proprio grazie alle sue straordinarie doti di pianificatore sul campo di battaglia, talento che si portò appresso per tutta la sua vita e che fu probabilmente, oltre al gran carattere, la sua vera fortuna.

L'organizzazione per Napoleone non fu solamente essenziale per la sua carriera tra le file dell'esercito, ma rimase un punto fermo anche, e forse soprattutto, quando diventò il Primo Imperatore dei Francesi.

Come imperatore, infatti, Napoleone lavorò per riorganizzare le istituzioni dello stato, ormai diventato impero, al fine di renderlo più funzionale alla crescita e maggiormente attento ai diritti dell'uomo.

Se non sei ancora convinto di quanto detto, ecco qualche indicazione storica a sostegno di questa tesi circa questa dote di Napoleone.

Nel 1800 Napoleone fondò la Banca di Francia.

Questa azione fu in risposta alla necessità rilevata da Napoleone di mettere in ordine i conti e le finanze dell'impero tramite un organo centrale affidabile, che organizzasse quanto ci fosse da fare in questo campo per risanare i conti dello stato.

Tra le altre "creazioni" figlie di questa attitudine napoleonica possiamo trovare il Consiglio di Stato, il ruolo del Giudice di Stato o le prefetture.

Se questi dati da soli non fossero già abbastanza, è arrivato il momento, per persuaderti dell'importanza di una buona pianificazione, di tornare a parlare della più grande opera di Napoleone.

Sto parlando, come ben ricorderai, del **Codice Napoleonico**.

Per rinfrescarti la memoria, ecco un rapido ripasso del primo capitolo.

Napoleone stesso, anche a fronte di tutte le sue grandissime imprese belliche entrate nella storia, era cosciente dell'importanza del Codice Napoleoniche ed era sicuro che sarebbe stato la sua vera eredità: il valore aggiunto che avrebbe lasciato ai posteri e alla storia.

Il vero scopo del Codice Napoleonico era di dare una nuova organizzazione giuridica dello stato e del diritto, rottamando tutti gli ideali antiquati, ma all'epoca ancora in voga in molte zone della Francia e non solo.

Per capire l'importanza di questo nuovo codice, basti dire che ancora oggi, dopo oltre duecento anni dalla sua ideazione, è il codice civile attualmente vigente in Francia e ha avuto un'incredibile influenza nella scrittura di moltissimi altri codici civili in tutto il mondo, tra cui figura anche il codice civile italiano.

Questi dati dovrebbero essere sufficienti per comprendere quanto la pianificazione e l'organizzazione fossero importanti per Napoleone, campi in cui eccelleva particolarmente e fattori fondamentali che lo portarono al successo.

Se questa analisi di questo aspetto del suo carattere non fosse sufficiente, al fine di convincerti dell'importanza di una buona pianificazione mi vengono in aiuto le parole di Napoleone stesso, contenute ancora una volta nella sua grande opera *L'Arte di Comandare*.

A proposito dell'importanza della pianificazione prima di una grande battaglia, Napoleone scriveva: «*Niente si ottiene in guerra se non per mezzo di precisi calcoli... il caso da solo non è mai apportatore di successo*».

Ecco che allora per riuscire a trovare la giusta motivazione e superare la paura di intraprendere un nuovo percorso, soprattutto se si hanno problemi di autostima, prestare attenzione alla fase di pianificazione diventa essenziale per raggiungere determinati risultati.

Una buona pianificazione non solo ti aiuterà a superare la paura di iniziare un nuovo percorso, ma, come già detto anche in altre occasioni nel corso di questo libro, una volta che hai un piano, che ti sei posto i giusti obiettivi, quando lavorando riuscirai a raggiungerli, ti renderai anche conto delle tue abilità, convincendoti poco alla volta che anche tu sei in grado di raggiungere grandissimi risultati con il giusto impegno ed una corretta pianificazione.

Certo, pianificare un percorso di crescita, qualunque esso sia, non è semplice e per farlo è necessario anche possedere discrete doti di lungimiranza.

Proprio per questo motivo ho scelto di aiutarti dedicando tutto il prossimo paragrafo ad una strategia pratica che, stando alla mia esperienza, è la migliore per porre le prime basi per una vita ricca di successi.

Abbiamo quindi visto quanto sia importante pianificare e organizzare ogni tipo di percorso volto ad un miglioramento, che sia questo personale, lavorativo o di qualsiasi altra tipologia.

Abbiamo anche visto che pianificare non è un qualcosa di semplice, ma richiede alcune doti specifiche.

Leggendo questo paragrafo imparerai come fare per creare il piano perfetto che ti aiuterà a raggiungere i tuoi obiettivi.

Questa strategia è veramente adatta a tutti, quindi possiamo dire che, una volta letta, non avrai più scuse dietro cui nasconderti e sarai costretto a metterti in gioco per dare una svolta alla tua vita e migliorare di conseguenza la tua autostima.

La prima cosa da fare nella pianificazione è visionare il proprio obiettivo: prima di partire per un viaggio vuoi sapere la tua meta, ovvero, in questo caso, proprio l'obiettivo che vuoi raggiungere.

Se non hai ben chiaro il tuo obiettivo, ma senti comunque un forte bisogno di cambiamento, voglio confidarti un piccolo trucco per riuscire a capire cosa realmente desideri o, per lo meno, per avere un primo obiettivo che ti aiuterà ad iniziare a partire nel tuo percorso.

Ricordi la lista delle dieci doti che vuoi acquisire che hai stilato in precedenza?

Bene, ti chiederei di rileggerla.

Vuoi ancora imparare ciò che hai scritto su quella lista?

Se la risposta è negativa, scrivine una nuova.

Se, anche alla luce di quanto hai imparato in questo libro, quei dieci punti fossero ancora validi, ti consiglio di sceglierne uno: quello sarà un primo obiettivo da cui incominciare.

Prima di proseguire, devi però capire se il tuo obiettivo è corretto.

Certo, ognuno può desiderare ciò che vuole, ma l'obiettivo, in questo caso, deve avere alcune caratteristiche.

Ovviamente deve essere motivante, raggiungerlo deve costituire per te una sfida, ma non deve essere troppo difficile.

Un obiettivo oggettivamente irraggiungibile ti porterà al continuo fallimento e, nel lungo periodo, non farà altro che peggiorare le condizioni della tua autostima.

Prova quindi a darti un obiettivo realistico.

Molto importante, in questo contesto, è anche darsi una data di scadenza entro cui raggiungere l'obiettivo che ci si è prefissati.

Questo passaggio è fondamentale in quanto la data di scadenza dell'obiettivo può essere anche un campanello d'allarme che l'obiettivo che ci si è posti non sia quello corretto.

Provo a spiegarmi meglio con qualche esempio.

Nel caso la data di scadenza sia troppo vicina, ad esempio tra una settimana, vuol dire che l'obiettivo che ci si è posti è davvero troppo facile: non sarà necessario un grande lavoro per raggiungerlo e, di conseguenza, una volta raggiunto non avremo ricavato alcun tipo di soddisfazione.

Non che un qualcosa del genere non valga la pena di essere fatto, ma semplicemente non è ciò su cui devi concentrare la maggior parte delle tue forze, valutando questo obiettivo come il tuo obiettivo primario.

Nel caso invece la data di scadenza sia troppo lontana nel tempo, ad esempio di anni, l'obiettivo che ci si è prefissiti apparirà troppo distante e irraggiungibile: neanche questo è un approccio corretto.

Per risolvere questo problema si hanno due vie: scegliere un nuovo obiettivo oppure suddividere quello che già si ha in parti più piccole con date di scadenza più ravvicinate.

Così facendo, riuscirai a visualizzare degli obiettivi che sentirai più vicini e realizzabili, il che aumenterà la tua autostima e la tua motivazione.

Insomma, la data di scadenza non deve essere troppo vicina o troppo lontana: bisogna trovare la giusta via di mezzo, per fare in modo che il proprio obiettivo appaia sfidante, ma al contempo realizzabile.

Una volta che hai chiaro il tuo obiettivo e la sua data di scadenza, è il momento di pensare a tutte quelle azioni che dovrai fare per riuscire a raggiungerlo.

Se, ad esempio, vuoi migliorare il tuo fisico, inizia a scomporre questo obiettivo in tutti quegli aspetti che devi curare quotidianamente: devi iscriverti in palestra, andare a correre, mangiare in modo più sano, …

Queste azioni possono essere un qualcosa che deve diventare un'abitudine (come ad esempio mangiare in modo più sano), oppure un qualcosa da fare *una tantum* o poche volte nel corso dei mesi (possiamo qui citare l'iscrizione in palestra).

Come al solito, se riuscirai a portare a termine queste azioni con successo inizierai a vedere i primi risultati e, di conseguenza, il tuo obiettivo ti apparirà più raggiungibile, diventando anche più motivato a lavorare ancora più duramente per raggiungerlo.

Ora mettiamo caso che tu sia riuscito a raggiungere il tuo obiettivo.

Devi fermarti?

Assolutamente no!

Se l'obiettivo che ti eri posto era per te davvero importante, molto probabilmente una volta raggiunto la tua autostima sarà a mille e avrai voglia di affrontare una nuova sfida.

Bene, ti consiglio di non sprecare questa spinta e di approfittarne per pianificare subito un nuovo percorso di crescita.

Abbiamo più e più volte visto in questo libro quanto sia difficile anche solo riuscire a partire.

Questa difficoltà non solo l'hai letta, ma l'hai anche provata sulla tua pelle.

Ora che sei riuscito a spezzare questo circolo vizioso di negatività dettato dai problemi di autostima in cui eri intrappolato, cerca di sostituirlo con una nuova reazione a catena, questa volta positiva: continua a trovare qualcosa che riesca a metterti alla prova e cerca sempre di migliorarti, pianificando ogni volta un nuovo percorso di crescita.

Dopo aver avviato questa reazione a catena, ti accorgerai, dopo un po' di tempo, di essere una persona totalmente diversa rispetto a quella che eri all'inizio del percorso.

Guardandoti allo specchio vedrai questa volta una persona dotata di una grande autostima e consapevole di poter affrontare tutte le sfide che le si presentano davanti.

6.3 Come affrontare le difficoltà senza scoraggiarsi

È assolutamente inutile nascondersi: non voglio mentirti.

Prima di raggiungere i tuoi obiettivi dovrai superare moltissime difficoltà.

Per chiunque, ma soprattutto per le persone con problemi di autostima, non è facile riuscire a mantenere alto il morale quando ci si trova di fronte a montagne che appaiono impossibili da scalare.

Una persona con una bassa autostima è inoltre generalmente ancora più portata a pensare che queste difficoltà siano davvero impossibili da superare.

In molti casi, è proprio in questo punto che le persone abbandonano il proprio percorso.

Ma come fare per evitare tutto ciò?

Un metodo che abbiamo già visto nel paragrafo precedente può essere applicato con efficacia anche in questo caso: se un determinato obiettivo ti appare troppo difficile da raggiungere o non pensi di avere le doti necessarie per farlo, prova a dividerlo in obiettivi più piccoli e facilmente raggiungibili.

Se, ad esempio, vuoi migliorare il tuo inglese, ma trovi sempre scuse per non dedicarci troppo tempo o pensi di non essere in grado di raggiungere certi livelli, puoi suddividere questo grande obiettivo in tante piccole azioni da fare quotidianamente, come ad esempio guardare almeno una puntata di una serie TV in lingua originale o imparare tre nuovi vocaboli tutti i giorni.

Questo tipo di approccio, anche se ad una prima visione superficiale può apparire semplicistico, in realtà riesce efficacemente a far apparire tutte le difficoltà che puoi incontrare durante il percorso molto meno gravi, dandoti la motivazione ogni giorno che passa di continuare a lavorare per raggiungere il tuo obiettivo.

Oltre a questo tipo di approccio alle difficoltà, vorrei consigliartene un altro.

Queste due strategie non sono in alcun modo in contraddizione e una non esclude l'altra, ma anzi, al contrario, ben riescono ad integrarsi.

Questo secondo approccio consiste nella **pianificazione delle conoscenze**.

Per raggiungere qualsiasi obiettivo ti serviranno alcune determinate conoscenze e competenze.

Così come lo era la pianificazione dell'azione e degli obiettivi, anche quella delle conoscenze è un aspetto fondamentale per riuscire a migliorare la propria autostima.

Ti consiglio, prima di iniziare un qualsiasi percorso, di prenderti un attimo di tempo per riflettere su quali siano le conoscenze e le competenze necessarie per riuscire ad avere successo in un determinato campo.

Non avere fretta: siediti e fa' una lista su un foglio.

Fatta la lista, prova ad analizzare lucidamente se già possiedi quelle competenze.

Per farlo, dovrai tornare al dialogo con te stesso, cercando di essere onesto nella tua autovalutazione.

Il come portare a termine questo delicato passaggio, l'hai già imparato leggendo il capitolo uno: non ti resta quindi che applicare nella pratica quanto già sai.

Ti consiglio di prestare particolare attenzione a questa fase della pianificazione perché, conoscendo in anticipo tutto ciò che dovrai sapere e, ancora più importante, che dovrai saper fare per riuscire ad arrivare al termine del tuo percorso, farà in modo che tu sia già preparato nei momenti in cui ti si presenteranno davanti delle difficoltà e sarai quindi più consapevole di essere in grado di superarle con successo.

Come dicevo, i due approcci qua esposti ben si possono integrare.

Ad esempio, potresti capire di dover studiare un qualche argomento al momento della suddivisione del tuo obiettivo in obiettivi più piccoli, oppure potresti accorgerti che per apprendere una nuova conoscenza fondamentale per raggiungere un obiettivo più grande, ti possa tornare utile suddividere il suo apprendimento in fasi più brevi e più facilmente raggiungibili, come abbiamo visto nell'esempio dell'inglese.

Prima di terminare questo libro, vorrei metterti in guardia da un qualcosa che potrebbe capitare.

Potresti sbagliare.

Come abbiamo anche già visto nel paragrafo dedicato al perfezionismo, gli errori esistono e, in quanto essere umano, ne hai fatti e ne farai ancora molti.

Non devi permettere che questi errori riescano a influenzare in negativo la tua autostima.

Cerca invece di fermarti e di provare ad analizzare ciò che è successo come se tu fossi esterno alle vicende.

Nel capitolo dedicato alle conseguenze della bassa autostima, abbiamo visto come le persone con problemi di autostima diano quasi sempre la colpa alle altre persone per i loro fallimenti.

La prima cosa che devi fare per raggiungere grandi risultati e per risolvere i tuoi problemi di autostima è rifiutare questo tipo di atteggiamento.

Al contrario, cerca invece di prenderti le tue responsabilità e di capire dove hai sbagliato: hai sottovalutato una difficoltà? Hai pensato di avere una qualche dote che in realtà non padroneggiavi ancora al meglio? Non ti sei impegnato abbastanza?

Lo scopo del porsi queste domande non deve essere inquisitorio, volto a commiserarti o a diminuire la tua autostima, ma anzi deve essere un modo per migliorare la tua autostima e per continuare a fare dei passi in avanti verso la realizzazione dei propri sogni.

Come abbiamo visto in apertura, infatti, l'autostima non è altro che l'opinione che hai di te stesso.

Migliorarla, imparare dal dialogo con se stessi e far coincidere il sé reale con quello percepito, non sono di certo compiti semplici.

Per avere successo in questo percorso serve fatica, impegno, perseveranza e anche molto tempo.

Ma ricordati che nemmeno Napoleone è diventato imperatore in un giorno solo.